WMS-19-004

Solo Alto Saxophone and Piano

MECHA MOTE SERIES

サックスプレイヤーのための新しいソロ楽譜
めちゃモテ・サックス〜アルトサックス〜

愛の讃歌 Hymne à l'amour

作曲：Margueritte Monnot
編曲：萩原 隆、田中和音　Arr. by Takashi Hagihara, Kazune Tanaka

演奏時間：3分20秒

◆ 曲目解説 ◆

　フランスのシャンソン歌手、エディット・ピアフの代表作。日本では越路吹雪、美輪明宏など多くの歌手によって歌われています。原題は『イム・ア・ラムール(Hymne à l'amour)』です。世界中で愛され続け、これからも末永く後世に語り継がれるであろう楽曲をしっとりと、ソロで聴かせてみませんか。

◆ 演奏のポイント ◆

　譜面的な難易度は高くありませんが、曲の完成度を上げようとすると難しくなると思います。かなり自由に表現できる曲ですので、どんなイメージにしたいのかしっかりと意識して練習すると良いと思います。もちろん楽器の練度に比例して自由な表現ができるようになってくると思いますが、その中でも小さい音での表現力はとても大切です。音が小さくなると表現まで小さくなりやすいですが、表情のあるピアニッシモを目指して練習しましょう。ただ小さいだけになってしまう場合は、むしろ少し音量を上げてでも雰囲気の良い音で演奏するほうが、聴いている人に届く演奏になると思います。

パート譜は切り離してお使いください。

Solo Alto Saxophone and Piano

愛の讃歌
Hymne à l'amour

Margueritte Monnot Arr. by Takashi Hagihara, Kazune Tanaka

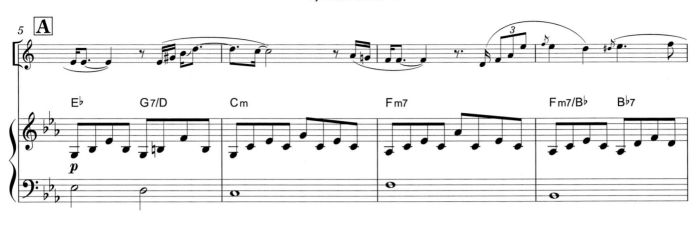
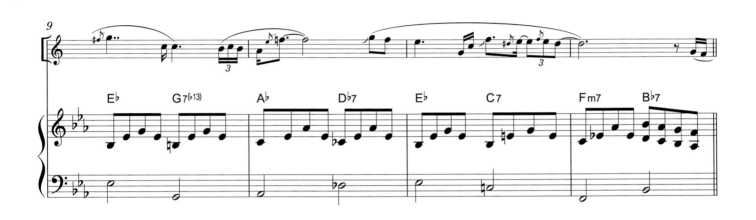

Hymne à l'amour - 3

パート譜は切り離してお使いください。

Alto Saxophone

愛の讃歌
Hymne à l'amour

Margueritte Monnot Arr. by Takashi Hagihara, Kazune Tanaka

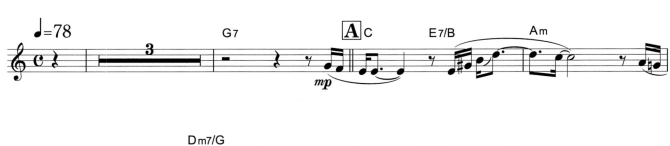

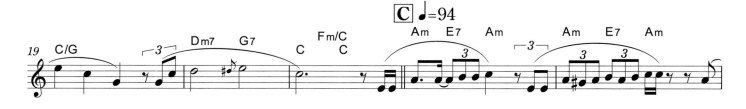

Hymne à l'amour - 4

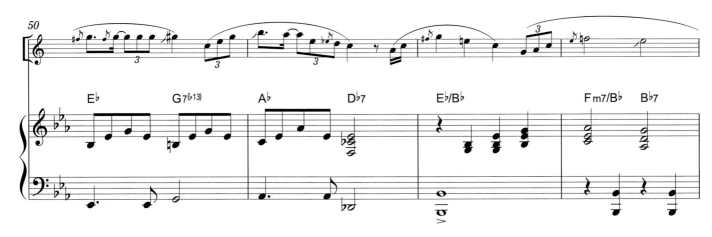

◆編曲者・演奏者プロフィール◆

萩原 隆（サックス奏者）

　高校でサックスをはじめ、大学時代にビッグバンド・ジャズオーケストラの部に所属し、ジャズを学ぶ。在学中に山野ビッグバンドジャズコンテストにおいて、優秀ソリスト賞を受賞。

　卒業後、THE JANGOでメジャーデビュー。TVタイアップ、CMタイアップ、TV・ラジオレギュラー番組、ライブツアー活動をおこなう。シングル、アルバムなど、10枚以上のCDをリリース。代表曲は、TV「平成教育委員会」、ラジオ「オールナイトニッポン」のエンディングテーマや、「サークルK」クリスマスCMにも使用され、各地のFMチャートで1位を獲得。

　現在は、出身地の山梨を中心にソロ活動。楽譜シリーズ「めちゃモテ・サックス」からスタートした「めちゃモテ」シリーズの楽曲アレンジを手がける。

田中和音（作曲・ピアニスト）

　1987年8月30日大阪生まれ。

　幼少の頃よりクラシックピアノをはじめ、10歳でジャズピアノに転向。野球、ソフトボールと遊びに没頭した高校時代を経て、大阪芸術大学へ入学。関西を代表するジャズピアニスト、近秀樹氏に師事する。

　2010年、ピアニストとして参加している「あきは・みさき・BAND」が、横浜ジャズプロムナード、金沢ジャズストリートのコンペティションにおいて、グランプリをダブル受賞。

ご注文について

ウィンズスコアの商品は全国の楽器店、ならびに書店にてお求めになれますが、店頭でのご購入が困難な場合、当社WEBサイト・電話からのご注文で、直接ご購入が可能です。

◎当社WEBサイトでのご注文方法

winds-score.com
上記のURLへアクセスし、オンラインショップにてご注文ください。

◎お電話でのご注文方法

TEL.0120-713-771
営業時間内に電話いただければ、電話にてご注文を承ります。

※この出版物の全部または一部を権利者に無断で複製（コピー）することは、著作権の侵害にあたり、著作権法により罰せられます。

※造本には十分注意しておりますが、万一、落丁・乱丁などの不良品がありましたらお取り替えいたします。また、ご意見・ご感想もホームページより受け付けておりますので、お気軽にお問い合わせください。